AF392515

Andrés Castillo

El árbol de mis alas

Ganador del
II Concurso Internacional de Poesía
"Delia Rengifo"
2012

© Editorial Giraluna R.L, 2019
Primera edición: 2019
Libro Digital
Derechos Reservados

Edición al cuidado de:
Rey D' Linares
reydlinares69@hotmail.com

Diseño de portada:
Carolina Linares
artesgraficas20042009@gmail.com

Impreso en Venezuela por:
Cooperativa Taller Editorial y Literario "Giraluna"
J-29614384-6
editorialgiraluna2008@gmail.com
Teléfono: (+58) 0212-524.25.33

Depósito Legal: DC2019000399
ISBN: 978-980-7257-51-0

El árbol de mis alas

Ganador del II Concurso Internacional de Poesía
"Delia Rengifo"
2012

DÍAS DE MAL CIRCO

Hay horas, días,
semanas,
meses de tormentas
y lluvia de cuchillos
sobre el alma

Hay vientos y mareas
que como tifones
nos alcanzan

Hay momentos así
de repente
en los que todas las fieras
nos emboscan
fuera de sus jaulas

Días de mal circo
donde el mago está en apuros
con las cartas, las palomas
los fuegos y conejos
movidos de lugar

Hay tiempos de mal tiempo
que hacen tambalear
nuestro biciclo
o dentro muy adentro
explotar el frío cañón
con la bala del destino

Pero seguimos andando
temerosos
trashumantes
sin la red que nos aguarda
sobre la cuerda floja del vivir.

ESTA CIUDAD

A Tibi

Esta ciudad me derrumba
acaba con mis calles,
de tierra cuarteada,
con las casonas viejas,
de barro,
con las ventanas abiertas
que guardo en mi memoria.

Esta ciudad ahuyenta
los pájaros grises de mi infancia
pisotea las tinajas de barro
donde bebía el agua fresca
y quema las flores
que antes olían a campo mojado.

Esta ciudad es una guarida
que hace explotar mi cabeza,
partiendo en mil pedazos
los recuerdos de mi infancia.

TRAICIÓN COTIDIANA

A veces me siento
como judas,
ante la mejilla noble
de mis hijos.

Teniendo que entregarlos
cada mañana,
al juicio del mundo
y sus verdugos.

CANTOS Y ALBORADA

A Rafael Negro Rodríguez

Si alguna vez tenemos el valor
de amar como una Paraulata
la alborada por la que cantamos
será cotidiana,
cierta
como el vuelo,
como el simple posarse
en la frágil rama.

EL ÁRBOL DONDE NOS ENCONTRAMOS

A mis hermanos

"Detrás de los que no se fueron,
detrás de los que ya no están,
hay una foto de familia
donde lloramos al final".
Carlos Varela

El árbol donde nos encontramos
se va quedando solo.

Recuerdo que
su espesura apenas
dejaba entrar el silbante
hachazo del viento.

El árbol donde crecimos
se va quedando sin aves,
los rayos del sol parecían tostar
su viejo manto,
haciendo huir sin razón
los antiguos pobladores
los que tanto lo amaron.

Cada vez somos menos en este rincón,
nos da miedo la partida
y el simple vuelo,
nos da miedo el viento
la lluvia, el silencio
el crujir sarcástico
de las ramas secas
que han ido cayendo.

Yo fui de los últimos
en atreverse a ensayar el primer vuelo
cuando lo hice
me sentí confiado
que nunca me iría
aunque mi viaje
fuese distinto
como el todos.

Pero volví
siempre vuelvo.

¿Qué fuerte tormenta
sacudió tus ramas,
que tieso verano
maltrató tus viajes hacia un cielo místico?

Los brazos que espigaste
parecen exclamar auxilio
de un Dios ajeno.

Los regresos ya no son iguales
faltan los otros
los que huyeron,
aunque a veces siento sus vuelos
cerca de mí,
los aleteos,
los cuidos
las mañanas claras
las tiernas esperas.

Ya no es sólo la imagen de un árbol solitario
gris, sin hojas y sin pájaros
lo que aterra a lo lejos,
es saberlo vivo,
pero sin la vida que lo habitaba.

Así va quedando el árbol
donde nos encontramos
hace tanto tiempo.

ESTADO DEL TIEMPO

A Olga Lambea, en mi delirio.

Este clima de verdad está descompuesto
llueve en verano
y hace un calor insoportable cuando debe ser invierno.

Dicen que es el daño que le hicimos a la capa de ozono
algo irremediable,
eso dicen.

Este clima está alborotado,
extraño,
descompuesto,
y deben tener razón.

Ayer me tropecé sólo un instante
con una mujer de labios grandes
                                y mirada de cielo herido,
de cabellos negros cual tormenta
y de risa de gaviota.

Sólo un segundo me atreví a mirarla
y ya ven
aquí estoy yo
hundido en sus misterios
sin poder escapar de
las arenas movedizas
donde muero sin remedio.

ELLA

Ella me conoce
me consuela
me mira pasar con cautela
a cualquier hora,
con mi dolor a cuesta
con mi tristeza muerta
o con mi risa de feria,
con mi fugaz certeza.

Ella como nadie
aguarda a mi llegada
no se impacienta,
sabe de mis días
de mal circo,
de mis horas grises
de mis idas agrestes,
de mis orgias risueñas
con la risa.
Ella,
calmada
me acepta
no me pide tiempo,
ni desvelos
tan sólo aguarda desde lejos
a que llegue a sus orillas
y lama sus bordes
olfateé sus pliegues
toque con mis dedos
cada hendija
cada surco
sintiendo el latido
que acelera a mi llegada.

Ella
perdona siempre
mi infiel ausencia,
mi ignorancia
mi lúgubre creencia.
Ella
escucha callada
cuando salgo del mundo
que me agrede,
cuando lucho
cual Quijote
con molinos
y hombres,
con las aspas
del rencor.
Ella
me consuela siempre,
sin ruido
y en calma
espera que vuelva
el que se ha ido
y llegue
sediento
a sus laderas.
Ella
me ha visto pasar
derrotado
airoso
violento
manso
tierno,
jubiloso de contento.
Ella
aguarda
agradecida
a todas mis caricias,

con el vestido
que libera
sin pudor,
sin recato,
dejándolo caer
a mis pies.
Desnuda
me llama
me eriza
me atrapa.
Yo,
la miro
antes de la embestida
escudriñando sus huesos.

Y así,
de repente,
nace el gemido
cuando la tomo sin permiso
y juntos hacemos bullicio del silencio
caminos del sosiego.
Así,
con todos los tiempos
de ausencia
vamos tras la multitud
tras las sombras
tras el fuego.
Pueblo su vientre
ella mis sienes.
Ella me conoce
como nadie,
por ella
me transformo
en otro siempre,
en otros.

Mi Biblioteca
aguarda
amándome
hasta ser amada.
Ella.

COMO LOS MANGLES

Como los mangles de mi pueblo
los que a orillas de la playa
abrazan el sol y las lloviznas
bebiendo del salitre que los ilumina

Como los mangles del camino
los que torcidos por el viento
no dejan de acariciar el cielo
que se refleja en las tiesas salinas

Como los mangles que resisten
guardando en sus entrañas
el dolor de algún martirio
y la alegría de ir amando lo vivido

Como los mangles de mi pueblo
con sus flores sudando los siglos
con sus raíces flotando sobre el lodo
con la vida que da vida en su cobijo

Quién como los mangles
para seguir de pie bajo el olvido
para nacer de nuevo entre los peces
para vivir la vida de los siglos.

EL ÁRBOL DE LA DIGNIDAD

A Marcos Ana

"Decidme cómo es un árbol.
Decidme el canto de un río,
cuando se cubre de pájaros".

La celda cerró sus puertas
en ella un hombre anochece
afuera algún silencio
alguna algarabía pálida
descubre sus versos.

Desde el agujero
la luz engarza con la vida
desde la rama de un árbol
llegan los alientos del sobreviviente
que canta al sol que no ve.

La muerte es esquiva
necia que llega
degollando las risas
de un hombre sangrado y roto
que sueña besos y bosques.

La dignidad tiene una llave
con alas de cristofué
la dignidad tiene una llave sagrada
por donde suele volar la esperanza,
la dignidad no conoce cautiverio,
la dignidad es un árbol que crece
poblado de pájaros
que nos cantan por dentro.

El hombre anochece
imaginando el árbol de sus alas
imaginando la libertad que no conoce
imaginando el beso que ha perdido
entre las ramas del olvido.

Para saber cómo es un árbol
hay que tener sed de pájaros
hay que tener sed de hojas
y el corazón de viento
hay que sudar flores
hay que soñar cantos
y raíces en las manos.

Sólo quien pierde un árbol
sabe llorar sobre el ala rota.

Decidme tu hermano
como llegamos a la sombra de tu arado
como surcamos el árbol del perdón
sin la sangre de lo odiado.

Oye, hermano
el árbol de la dignidad nos cobija
amando la primavera
que hoy es beso en tus mejillas.

Oye, hermano
el rumor del vuelo
que llega,
la dignidad es un árbol florecido
que ilumina siempre tu camino.

CONTIGO SOY

Contigo la tarde y un café
contigo el silencio cómplice
de una mueca tierna.

Contigo la noche y las esperas
de poder abordar alguna estrella
de poder olfatear todas las huellas.

Contigo despertar sin las tristezas
contigo esperar que pase el tiempo
contigo la vida que es estela.

Contigo mi vida se ha marchado
contigo mi piel perdió su fuerza
contigo me basta para todo
contigo es que soy y nada quiero
contigo, contigo, compañera.

SEQUÍA

Te amo demasiado mujer
lo sabrás cuando marche
para siempre
o cuando mis besos no rieguen
tus bosques
convertidos entonces
en desiertos.

TIBISAY

Como la india
de los Andes
es tu nombre.

Tibisay.

Ella
altiva,
hermosa
con los senos turgentes
siempre a la espera
del amor que se fue al combate,
ella sigue a la espera
de las manos ansiosas del
fuerte Murachí.

Tú llegaste,
no con el bronce
color aborigen de la diosa
sino con los rasgos fuertes de
los moros
y la sangre buena
de los labriegos canarios,
quizá eres hija de su Diosa
Chaxiraxi,
pero Tibisay te llamaron
y con tu piel lunada
que ilumina
conservas su nombre
su mirada.

Tibisay.

Ella, la india
siguen ahí
esperando.

Tú en cambio
ya no esperas
abrazas,
con tus senos vibrantes,
serenos
dulces y pequeños
las manos silentes
y los besos
de este que te ama.

DESEO

"quiero hacer contigo lo que la primavera hace con los cerezos"
Pablo Neruda

Quisiera ser un arco iris
y perderme en lo más profundo de tu ser,
para cruzarte de un lado a otro.

O sencillamente
para darle color a tu horizonte.

TEORÍA Y DESEO

"Cómo haré para tomarte en mis adentros, guitarra...
Cómo haré para que sientas mi torpe amor,
mis ganas de sonarte entera y mía... "
Alfredo Zitarrosa

Toma mi guitarra
y mis besos
mi piel
y mis dedos,
mis ojos
y mis labios,
mi sexo.

Toma mi guitarra
y tócame.

Hazme canción.

COMO EL CAFÉ

Esta tarde
a la hora exacta,
justo a la hora del café,
te diré mujer
otra vez
que te amo,
que tu cuerpo
y tu vida,
son el dulce
amorío
que
me cuela
sin demora.

Como el café
de la tarde
espero,
hirviendo
por ti.

DOS LÁGRIMAS

La mujer que más he amado
ha dejado de quererme.

Ayer hurgué dentro de ella
buscando extinguir los silencios,
las caricias esquivas.

De pronto brotaron de sus ojos,
de su piel de bronce,
el decir sin voz
que anunciaba un adiós.

Ayer la mujer que más he amado
ha dejado de quererme.

Ahí, temblando de miedo
a la soledad,
las dos torres gemelas de mis ojos
que tanto la vieron,
se desplomaron silentes
sin poder soportar
el peso fugaz
de dos lágrimas.

CANSANCIO

Me siento como un parque sin niños
como un arco iris sin distancia.

Te busco en los lugares
refugio de tu olor.

Descanso mi nostalgia
sobre el borde de tu ausencia.

MUERTES

Es una sensación
sin sinónimos
sin descripciones
sin muecas
ni definiciones
la que acecha
segura de su triunfo.

Es una sensación
intermitente
que se aleja
y regresa
con más intensidad
en cada ola
en cada risa
grotesca,
ola de miedo
e impotencia
que viaja punzando mis venas
mis débiles palpitaciones.

Es una sensación
que no se cansa
de arrancarme el valor
para seguir andando,

es sádica
esta sensación
que me acaricia
y me corona
de espinas
lanzando los dados
de mi muerte,
jugando conmigo
al gato hambriento,
me atrapa
como a un pájaro inerte
me sacude
me agrede
sin matarme del todo,
me deja ir
y vuelve al ataque
riendo de rabia.

Nunca sabré
como me siento
desde aquella
tarde de septiembre.

Y ando sin mí
pero ando
buscándome siempre
entre mis muertos.

Esta sensación
es como una muerte nueva
que me recorre el alma
y me deja con más vida,
para seguir muriendo.

LLUEVE POR DENTRO

Ardí en llamas
una vez y para siempre,
sólo un milagro
podrá apagar este incendio
que me consume.

Ardí en llamas
una vez y para siempre,
pero en mis ojos
sigue lloviendo
a cantaros
la terrible
y hermosa esperanza
de ponerte a salvo.

Amada.

HUIR

Huir de todo
hasta de mí.

Huir del miedo
que me persigue
a cualquier lugar donde voy,
robándome el camino de regreso a la alegría.

Huir de todo quiero
hasta de mi.

Huir del odio
del rencor
y del necio que cabalga.

Huir del tiempo sarcástico
tiempo que me acecha
y me borra los caminos que me conducen a ti.

Huir de todo quiero
de todo
hasta de mi.

Y dar mi muerte a cambio en un segundo
para que nada te robe
la inmensidad de tu risa.

SENTENCIA

Mi vida pende de un hilo
atado a tu risa.

MI RAZÓN

Un día fui tu simiente
tu barro, tu maíz
tu trazo de acuarela.

Después el mago Segismundo
de sueños y caminos
el noble capitán
del barco de tus rumbos.

Luego cuando tu rostro
empezó a dibujarnos
las líneas discretas
que hoy pueblan el nuestro
fui yo, tu noble caballero
cuidador de mil carrozas
tirada por gorriones
por cebras y gaviotas.

Hoy otro tiempo nos aguarda
lento y misterioso
nos alcanza.

Pero no importa vida mía
si alguna nube oscura
nos aborda sin razón
con aullidos y temores
seré tus piernas
tus brazos y tus manos
tu voz y tus tendones
para que vayas donde quieras
montada entre tus sueños
cometa de colores.

Que torpe que soy
amada, amada
que torpe.

Si siempre has sido tú
la fuente de mis días
la magia creadora
la brisa de mis velas
las manos que me salvan
de tanta noche oscura
los ojos que me alumbran
las noches de mi alma
las piernas que me avanzan
más allá de mi esperanza.

Tú eres el músculo perfecto
para mi débil existencia
el músculo perfecto
que me ata a la vida.

RITUAL PROFANO

Cariotipo,
pruebas,
terapias,
incertidumbre.

Especialistas
exámenes que asfixian
palabras que hieren
miradas que extirpan
el reflejo que rebota.

Anécdotas
vivencias
distancias en líneas continúas
tantas caras, palabras y gestos
buscando separarnos.

En el parque tú y yo
solos.

El columpio nos acerca.

EXAMEN

Un examen exhaustivo
minucioso
irrevocable
dice que mi hija
es una persona con Trisomía XXI
con una discapacidad visible
y algunos rasgos
que según son exactos.

Está bien
aceptamos el dictamen
infalible
que describe
y califica.

Ahora resulta
que mi hija
además,
heredó no sé que cosa rara
que le ha quitado
tardes de juegos
bailes
y carreras.

Es algo muy peligroso
que avanza,
me han dicho
con certeza.

Aunque de verdad
tanta palabrería me ha servido para poco,
menos aún
en las mañanas de neblina

o en las tardes de mar
en las noches de cuento y poesías.

Justo entonces,
mi hija
es simplemente
una estrella de mar
una flor sin nombre
un pedazo de vida
que me encuentra
en peligro
que me salva
del fin del mundo
cotidiano
donde muero siempre.
Ella me revive.

SILENTE ALGARABÍA

Cuando estamos juntos
nadie más existe alrededor.

Cuando estamos juntos
el mundo es un estadio vacío
en silencio
solos tu y yo
jugando siempre
el último partido
La muchedumbre
y su algarabía
está en nuestros corazones
haciéndonos barra.

ESTRELLA SIN MAR

Te pido perdón amada mía
por llegar todo empapado
y sólo una estrella de mar
te traje como regalo.

Tenía tantas ganas de verte
que corriendo apresurado
se me ha derramado el mar
que traía entre las manos.

BAJO LA LLUVIA

Ayer me sorprendió
un fuerte aguacero
no me importó el frío
ni los resfriados
y quise mojarme
 bajo la lluvia.

Recordaba otra vez
cuando era niño inquieto
y solía correr bajo el agua
con el perro negro de la casa.

Volví a ser yo otra vez
puro, sano, sin rabias.

Así es mejor amada mía
para ir a tu encuentro.

CUANDO LA LLUVIA

La lluvia cae sobre la ciudad,
algunos temen
otros esperan,
muchos recuerdan,
y hay quien ahora mismo
hace el amor bajo sus aguas.

Un carro pasa velozmente
salpicándote la ropa,
maldices
pero sigues tu camino
alguien te espera.

Otros entre tristezas
recogen sus enceres
pidiendo al sol
que vuelva para siempre
a quemar el miedo
a tostar recuerdos
a secar el llanto
de los sufrimientos.

Llueve
pero nunca como las lágrimas
de quien pierde al hijo
a la madre
al amigo
al familiar
que se ha ido
entre la corriente.

Cuando la lluvia cae
no a todos nos moja
de la misma manera.

La lluvia cae sobre la ciudad
y yo sigo en llamas
amada
esperando que llueva
de una vez
el milagro que se tarda.

MAGIA COTIDIANA

Hoy me vestiré de mago
con un sobrero grande
y una capa de colores.

Hoy sacaré de la nada
conejos y jirafas
palomas y castores.

Hoy me vestiré de mago
y a la cuenta de uno
de dos y de tres.

Te llevaré en mi barco
a navegar los mares
del mundo que ha de ser.

COMO UN ÁNGEL QUIETO

*"El dolor que no curen los ángeles
ojalá que no pueda volver.
La canción que no canten los ángeles
sólo el viento la puede saber".*
Silvio Rodríguez

Quizá me falten fuerzas
para saltar la cuerda
para montar la bicicleta
pedaleando, pedaleando
para correr con esmero
o para empujar los miedos
que van llegando, llegando

Quizá me falten fuerzas
para subir los escalones
uno, dos, tres
cuatro, cinco... y cien
quizá me falten fuerzas
para jalar las redes
para pescar el mar
donde naufrago siempre

Quizá no tenga fuerzas
para dar un paso
para encender la luz
para acariciar tu piel
o simplemente

para decirte adiós
en las tardes locas
de lluvia y miel

Quizá me falten fuerzas
para sonreír
con toda la gracia
para llenar mi cielo de aire puro
para soplar las velas de los años
para besar tu mejilla
en una noche de estrellas
de flores lilas y cantos

Quizá no tenga fuerzas
para decirte todo
lo que mi voz no alcanza
para llevarte al vuelo
con mis alas cortas
con mis alas blandas
para salvarte siempre
de este mundo en llamas

Quizá soy ángel quieto
que llega siempre en calma
esperando que tú
te adueñes de mis alas
y entiendes que mi amor
es frágil pero alcanza
para salvar tu mundo
de tanto viento y flama

Quizá soy ángel quieto
que llega siempre en calma
para matar la prisa

que te hace olvidar
la fuerza que malgastas
en tantas horas tontas
en tantas horas falsas
en torpes retiradas

Quizá no tenga fuerzas
quizá soy ángel quieto
que ha caído en tus manos
para mostrarte un mundo
distinto, lento y sabio
otra palabra amor
que nunca encontraras
en vastos diccionarios

Quizá no tenga fuerzas
de elevarte conmigo
y llevarte en mis hombros
de tocar la guitarra
y pasear al cachorro
y de agitar mis alas
como un ángel quieto
como un ángel quieto...

Que ama el amor
amando
con las fuerzas mudas
que nacen del alma
y pueblan la tierra
y cielos de paso
con las fuerzas mudas
que aman amando.

MI CALENDARIO

Hoy es viernes Amanda
otro día de la semana
que nada dice.

Por eso le busco
algún sentido
en silencio
mientras corro a tu abrazo.

Viernes
que comienza
con v de venado,
de violín,
de victoria,
de vereda,
de valentía,
de verdad,
de vida,
de vida,
de vida mía,
sólo viva
en tus ojos.

Hoy es viernes Amanda
a mi alrededor
todo me sobra
los escritorios,
las paredes grises,
los odios,
las tormentas,
los autos,
las motos,
los ruidos innecesarios,
las miradas,

la tarde triste sin ti
me sobra.

Hoy es viernes Amanda
tendré que hacerme
un nuevo calendario
donde todos los días
de la semana,
tengan tu nombre.

Para darle así
sentido cierto
a estas tardes
sin ti.

TU MUNDO NOS PONE A SALVO

"Si un día me faltas no seré nada
y al mismo tiempo lo seré todo
porque en tus ojos están mis alas
y esta la orilla donde me ahogo"
Carlos Varela

Ayer me fui contigo
amada mía
hasta lo más alto
de esta ciudad

Ahí, entre la neblina
divisamos el mar
que se esconde
del otro lado de la montaña
del Waraira Repano
de los Indios Caracas

No es fácil de medir
la enorme distancia
que los separa
te expliqué con duda

Fue justo ahí
entre tu risa ingenua
tu amor sin miedo
tu mirada distinta
tu rostro único
torpemente vigilado,
medido,
evaluado
escudriñado
por el terco asombro
de los "normalizadores" cotidianos

que comprendí
de alturas y distancias
del ancho mundo
que te separa
y donde siempre me salvo.

Fue justo ahí
entre tu mundo milagroso
y tu beso sin rencor
y tus ojos sin malicia
y tu mano que no es dura
y tu lento caminar
y tu ternura que se eleva
donde aprendí lo cierto

Fue justo ahí
que lo entendí
sin ninguna duda,
que tú hija mía
estás
a más de 2.150 metros
sobre el nivel del mal.

VENGO DE TATUAR AL SOL

Traigo de regreso
las manos
sedientas de ríos
los ojos jadeantes
de océanos.

Dejo a mis espaldas
la marca brutal de los tiempos
la estela brillante
que desde niño miraba tan lejos.

Vuelvo victorioso
a postrarme ante tu beso
a entregarte las cenizas
del combate
que hoy es rezo.

Regreso convencido
que ganaremos la contienda,
la final, la definitiva
que reiremos de alegría
celebrando sobre el miedo.

Aquí estoy Amanda
como lo prometí,
he liberado los ángeles
he sanado ya sus alas.

Aquí estoy amada
como lo prometí,
vengo de limpiar los cielos
vengo de tatuar al sol
huele a lluvia tu esperanza.

ÍNDICE